Mon Canada
NOUVEAU-BRUNSWICK

Sheila Yazdani

TABLE DES MATIÈRES

Nouveau-Brunswick 3

Glossaire 22

Index 24

**Un livre de la collection
Les jeunes plantes de Crabtree**

Crabtree Publishing
crabtreebooks.com

Soutien de l'école à la maison pour les parents, les gardiens et les enseignants.

Ce livre aide les enfants à se développer grâce à la pratique de la lecture. Voici quelques exemples de questions pour aider le lecteur ou la lectrice à développer ses capacités de compréhension. Les suggestions de réponses sont indiquées en rouge.

Avant la lecture

- Qu'est-ce que je sais du Nouveau-Brunswick?
  - *Je sais que le Nouveau-Brunswick est une province.*
  - *Je sais qu'il y a beaucoup de rivières au Nouveau-Brunswick.*
- Qu'est-ce que je veux apprendre sur le Nouveau-Brunswick?
  - *Je veux savoir quelles personnes célèbres sont nées au Nouveau-Brunswick.*
  - *Je veux savoir à quoi ressemble le drapeau de la province.*

Pendant la lecture

- Qu'est-ce que j'ai appris jusqu'à présent?
  - *J'ai appris que Fredericton est la capitale du Nouveau-Brunswick.*
  - *J'ai appris que les rochers du parc national Hopewell Rocks mesurent jusqu'à 21 mètres (70 pieds) de haut.*
- Je me demande pourquoi…
  - *Je me demande pourquoi la violette cucullée est la fleur de la province.*
  - *Je me demande pourquoi il y a autant de phares de rivière au Nouveau-Brunswick.*

Après la lecture

- Qu'est-ce que j'ai appris sur le Nouveau-Brunswick?
  - *J'ai appris qu'il est possible d'explorer les cavernes marines de St. Martins.*
  - *J'ai appris que l'oiseau de la province est la mésange à tête noire.*
- Lis le livre à nouveau et cherche les mots de vocabulaire.
  - *Je vois le mot **capitale** à la page 6 et les mots **faire du kayak** à la page 14. Les autres mots de vocabulaire se trouvent aux pages 22 et 23.*

J'habite à Saint John. C'est sur la rive de la baie de Fundy.

Le marché de la ville de Saint John est le plus ancien marché fermier du Canada!

Le Nouveau-Brunswick est une **province** de l'est du Canada. La **capitale** est Fredericton.

Fait intéressant : Moncton est la plus grande ville du Nouveau-Brunswick.

L'oiseau de la province est la mésange à tête noire.

Fait intéressant : Environ 16 400 tonnes métriques (18 000 tonnes) de homards sont pêchées chaque année au Nouveau-Brunswick.

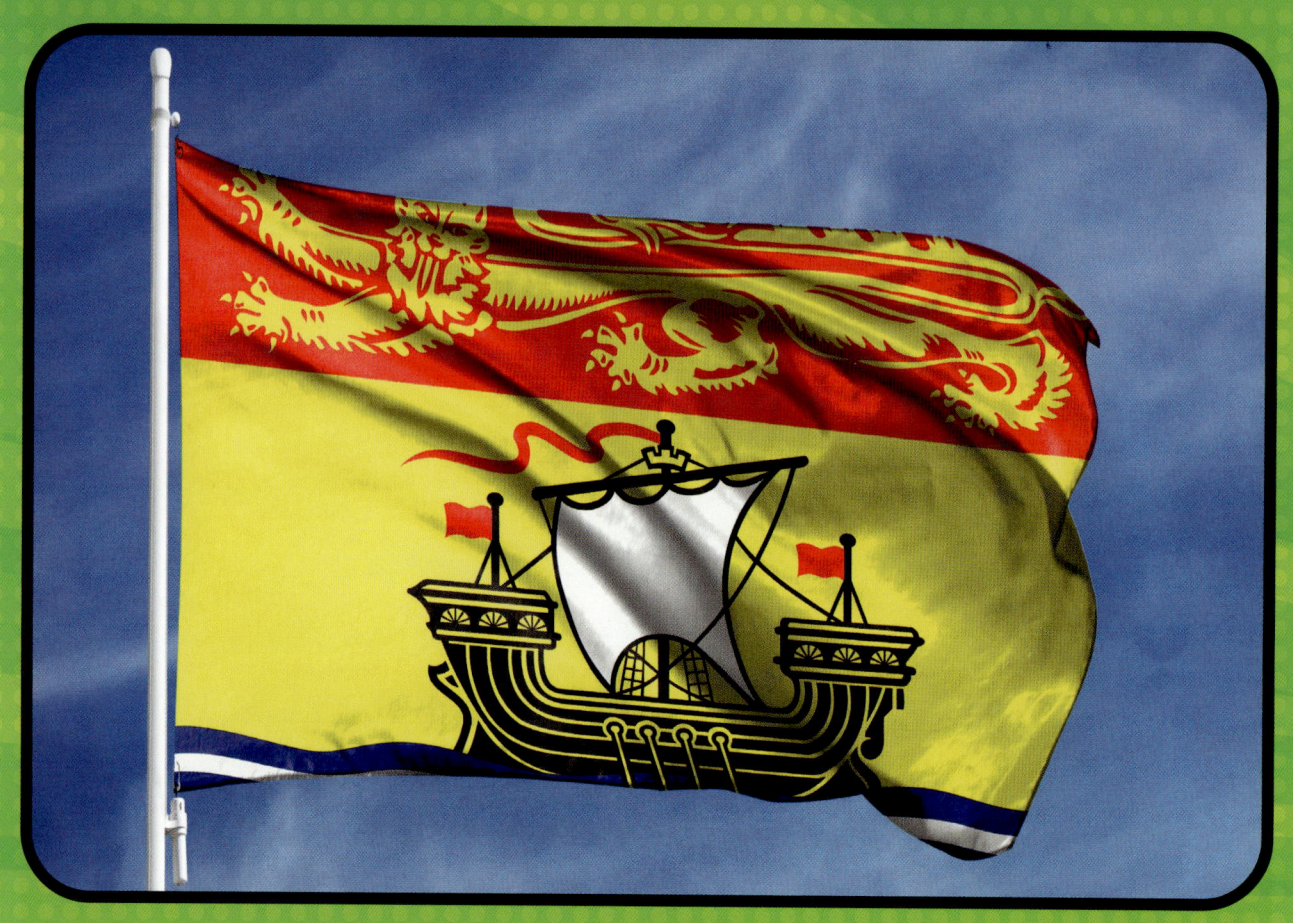

Le drapeau de ma province est rouge et jaune. Sur le drapeau, il y a un léopard d'or et une galère.

Il y a plusieurs **phares** de rivière au Nouveau-Brunswick.

J'aime visiter le parc provincial de Hopewell Rocks. J'aime **faire du kayak** autour des gros rochers.

Fait intéressant : Les rochers mesurent qu'à 21 mètres (70 pieds) de haut.

C'est agréable de visiter l'île Campobello.

L'acteur Donald Sutherland est né au Nouveau-Brunswick. L'ancien joueur de hockey de la LNH Rick Bowness est aussi né au Nouveau-Brunswick.

Fait intéressant : George Edwin King, un ancien **juge** de la Cour suprême du Canada, est né à Saint John, Nouveau-Brunswick.

J'aime explorer les **cavernes marines** de St. Martins.

Glossaire

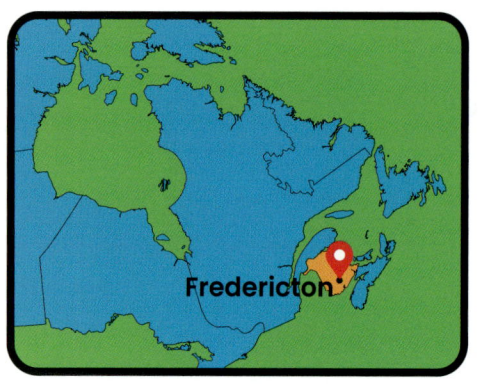

capitale (ka-pi-tal) : La ville où se trouve le gouvernement d'un pays, d'un état, d'une province ou d'un territoire

cavernes marines (ka-vèrn ma-rin) : Cavernes formées dans les falaises par l'action des vagues de la mer

faire du kayak (fèr du ka-yak) : Sport nautique utilisant un bateau long et étroit, pointu aux deux extrémités

juge (juj) : Personne qui rend justice conformément au droit

phare (far) : Une tour dotée d'une forte lumière qui sert à guider les navires

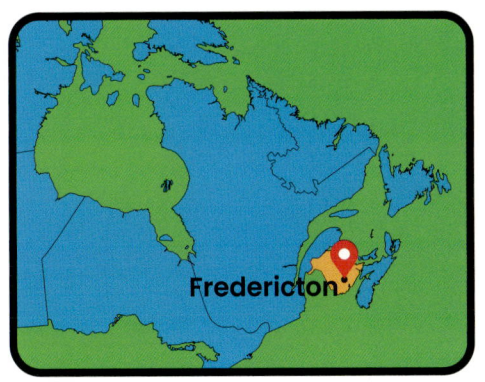
province (pro-vins): Au Canada, comme dans certains pays, c'est une des grandes zones qui le divise

23

Index

Fredericton 6
homards 10, 11
île Campobello 17
mésange à tête noire 8
Saint John 4, 5, 19
Sutherland, Donald 18

À propos de l'auteure

Sheila Yazdani vit en Ontario, près des chutes Niagara, avec son chien Daisy. Elle aime voyager à travers le Canada pour découvrir son histoire, ses habitants et ses paysages. Elle adore cuisiner les nouveaux plats qu'elle découvre. Sa gâterie favorite est la barre Nanaimo.

Autrice : Sheila Yazdani
Conception et illustration : Bobbie Houser
Développement de la série : James Earley
Correctrice : Melissa Boyce
Conseils pédagogiques : Marie Lemke M.Ed.
Traduction : Claire Savard

Photographies :
Alamy: Naturfoto-Online: p. 16; History and Art Collection: p. 19, 22; Dave G. Houser: p. 20
Newscom: Douglas R. Clifford/ZUMA Press: p. 18 right
Shutterstock: Paul Reeves Photography: cover; Cindy Creighton: p. 3; gvictoria: p. 4; RozenskiP: p. 5; Media Guru: p. 6, 22-23; Adwo: p. 7; sebartz: p. 8; gresei: p. 9; k-photography_113: p. 10-11; spwidoff: p. 11; Millenius: p. 12; gvictoria: p. 13, 21, 23; Alberto Loyo: p. 14-15, 22; Ken Morris: p. 15; Russ Heinl: p. 17; DFree: p. 18 left

Crabtree Publishing

crabtreebooks.com   800-387-7650
Copyright © 2025 Crabtree Publishing

Tous droits réservés. Aucune partie de cette publication ne doit être reproduite ou transmise sous aucune forme ni par aucun moyen, électronique, mécanique, par photocopie, enregistrement ou autrement, ou archivée dans un système de recherche documentaire, sans l'autorisation écrite de Crabtree Publishing Company. Au Canada : Nous reconnaissons l'appui financier du gouvernement du Canada par l'entremise du Fonds du livre du Canada pour nos activités de publication.

Imprimé aux États-Unis/062024/CG20240201

Publié au Canada
Crabtree Publishing
616 Welland Avenue
St. Catharines, Ontario
L2M 5V6

Publié aux États-Unis
Crabtree Publishing
347 Fifth Avenue
Suite 1402-145
New York, New York, 10016

Library and Archives Canada Cataloguing in Publication
Available at Library and Archives Canada

Library of Congress Cataloging-in-Publication Data
Available at the Library of Congress

Paperback: 978-1-0398-4341-7
Ebook (pdf): 978-1-0398-4354-7
Epub: 978-1-0398-4367-7
Read-Along: 978-1-0398-4380-6
Audio: 978-1-0398-4393-6